¡Caen las hojas!

En las mañanas,
ponerse el abrigo.

Llegó el otoño

Maryann Cocca-Leffler

SCHOLASTIC INC.

¡Llegó el otoño!

Vas a la escuela
y ves a tus amigos.

Hojas de colores
reunidas en montones.

Te acuestas sobre ellas
a ver los nubarrones.

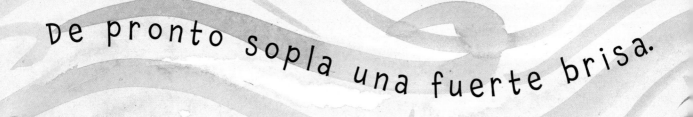

De pronto sopla una fuerte brisa.

¡Llegó el otoño! Las manzanas han madurado.

Vamos todos a la Feria del Condado.

Hay juegos,

concursos y paseos.

¡Y hasta calabazas que ganan trofeos!

Al caer la tarde,
el cochecito está a rebosar,

y los más pequeños

ya no pueden caminar.

¡Qué bellos colores adornan el follaje!

Los zorros se esconden,
las ardillas almacenan,

los osos pardos duermen,

los gorriones vuelan.

Dentro de poco
los árboles estarán pelados.

Si no nos abrigamos,

quedaremos congelados.

Gorros y bufandas vamos a tejer.

La primera nevada
muy pronto va a caer.

¡Cae la nieve!

¡Llegó el invierno!